JN419233

방과후 강아지풀

전영우 시집

방과후 강아지풀

초판 인쇄 2025. 9. 29
초판 발행 2025. 9. 29

지은이 전영우
펴낸곳 한국문예창작진흥원

주소 대전광역시 중구 오류동 154-4센트리얼 오피스텔 920호
출판등록 제2025-000028호
전화번호 02-2636-3765

값 12,000원

전영우 시집

방과후 강아지풀

한국문예창작진흥원

첫 시집을 내면서

중학교 2학년인 제가 시집을 낸다는 사실이 저 자신도 잘 믿기지 않습니다. 하지만 곰곰이 생각해 보면, 이번 시집이 앞으로 더 좋은 시를 쓰기 위한 디딤돌이 될 것 같아 기쁘고 설레는 마음이 큽니다.

초등학교 3학년 때 처음 시를 접했을 때, 저는 시가 무엇인지조차 잘 알지 못했습니다. 처음 읽은 시도 그 무렵이었고, 처음 써 본 시도 그때였습니다. 어떻게 쓰는 것이 시이고, 어떻게 감동을 줄 수 있는지는 전혀 알지 못했지만 그저 제 마음을 글로 옮겼던 기억이 납니다.

많은 어른들은 아이가 시를 쓰면 단순히 귀엽다거나 놀이라고 생각하곤 합니다. 그러나 이지유 선생님께서는 언제나 저를 다르게 바라봐 주셨습니다. 부족한 글에도 늘 칭찬을 해주시고, 자신감을 북돋아 주셨습니다. 때로는 글이 잘 떠오르지 않아 힘들 때도 있었지만, 선생님의 말씀은 언제나 제게 큰 힘이 되었습니다.

또한, 이지유 선생님을 통해 알게 된 한만수 교수님께도 감사드립니다. 제 시를 읽어주시고 가능성과 기회를

열어주셔서 지금 이 자리까지 올 수 있었습니다. 덕분에 시 쓰기가 더 즐거워졌고, 조금씩 더 노력할 수 있었습니다.

사실 저는 아직 시를 잘 모릅니다. 하지만 예전과는 다르게 세상을 바라보는 눈이 달라졌습니다. 예전에는 무엇이든 깊이 파고드는 힘이 부족했고, 그래서 시집도 지금에서야 내게 된 것 같습니다. 돌아보면 후회되는 순간도 있지만, 이렇게 시집을 내게 되니 큰 성취감과 뿌듯함을 느낍니다.

어릴 때 쓴 시와 지금 쓴 시를 비교해 보면, 저 스스로도 놀랄 때가 많습니다. 예전 시를 보면 "내가 이렇게 못 썼나?" 하는 생각이 들기도 하지만, 동시에 "그래도 조금씩 늘었구나" 하는 안도감도 듭니다. 무엇보다 어린 시절의 시에는 순수하고 솔직한 제 모습이 담겨 있다는 것을 깨닫습니다. 이제는 내 감정을 표현하고, 다른 시인의 작품에서 감동을 받아 그 감정을 상상하며 글을 쓰는 단계로 나아가고 있습니다.

사춘기를 지나며 삶의 여러 순간을 겪으면서, 사람들은 정말 많이 변한다는 말을 실감합니다. 다른 시인들의 시와 글귀를 읽을 때면, 어떻게 그렇게 예술적인 상상을 할 수 있을까 놀라기도 하고, 그만큼 시의 세계가 참 아름답다는 것을 새삼 깨닫습니다. 그리고 이제는 제 시를 누군가 읽고 감동을 받을 수 있을 거라는 생각에 더 열심히 영감을 얻으려 노력하고 있습니다.

늘 저를 응원해 주신 선생님들과 어른들 덕분에 지금까지 시를 계속 쓸 수 있었다고 생각합니다. 하지만 친구들은 아직도 제가 시를 쓴다는 걸 믿지 못하고 놀라는 경우가 많습니다. "공부 잘해야 시를 잘 쓰는 거 아니야?", "너처럼 장난꾸러기가 무슨 시인이냐" 하는 말을 들을 때면 속상하기도 했습니다. 그래서 제 시집을 보여주며, '장난꾸러기 전영우'가 아니라 '시인 전영우'로 기억되고 싶은 마음이 큽니다.

앞으로도 더 노력해서 누군가에게 감동을 주고, 제 꿈을 향해 한 걸음 더 다가가는 멋진 시인이 되고 싶습니다. 『방과후 강아지풀』이 그 길의 첫 디딤돌이 되기를 바랍니다. 끝으로, 부족한 저를 믿고 시집을 내게 해주신 부모님께 진심으로 감사드립니다. 앞으로 더 열심히 쓰고, 꼭 좋은 시로 보답하겠습니다. 감사합니다.

2025. 9
전영우

차례

제1부

제2부

제3부

제4부

제5부

제1부

마음의 계단

쉼표 덩어리인 너는
물음표만 남기고 떠나
다음을 기다리게 하는 드라마

포근한 상상은
흑백에 색을 불어 넣지만

너라는 계단은
한 걸음도 되지 않지만
절벽처럼 높기만 하다.

시골 저녁

해가 잦아들고 밤이 오면
달과 별은 그제서야 일어난다

구멍가게 불이 꺼지고
개들이 짖어 대면

나는 별을 찾아 헤매고

할아버지가 잠자리에 들 때면
창문 밖 달빛이
나를 포근히 덮어준다.

하루살이

오후의 끝이 다가오듯
하늘이 점점 잦아든다

가로등 앞 하루살이들은
한 줄기 빛이라도 더 보려 희망 품고

가로등에 따개비처럼 붙어있다

집에 도착할 즈음에는 휘청휘청

힘없이 떨어지는 하루살이들의 흐느낌이
귀에 맴돈다

하루살이들도
멈추지 못하는 시간이 두려운 걸까?

단풍

자박자박
가을을 밟는다

푸른 하늘과 나는 널 기다리며

살랑살랑
꽃잎을 스친다

붉게 물드는 너를 볼 때면
지나간 여름
헤어진 친구 생각에

내 가슴이 저려온다

초여름

내 마음은
바닥에 분홍빛 물감칠

시들어가는 분홍 벚꽃
가랑비에 몸을 뉘이네.

앨범

마르다 못해 달궈진 모래들을 적신
밀려오는 파도,

잊혀진 책처럼,
옛 기억 돌려보면

활짝 웃던 너는
여전히 운동장에 서 있고.

씨앗

기다리는 시간은
끝을 모르는 유럽행 비행기.

아침 볕을 맞으며
몸에 일광욕을 하고선

서서히 자라나는 새싹은
눈치가 없다.

고향

붉은 노을 그림자 드리워져
경계를 없애고

바래지는 벽 위엔
단풍이 벽화를 그린다

귀에 맴도는 노랫소리는
한여름 파도 소리,

서서히 불어오는 바람은
어머니의 숨결 같아

이미 가버린 고속버스는
내 추억을 지나고 있었다

엄마 생각

초여름을 반기는 내 발걸음은
엄마 따라 한 걸음

어린 시절을
비 오는 날 우산 삼아
추억 팔이 하면

또,
또 엄마 생각.

500원

태권도 형이 빌려달라 했던 500원

쭈쭈바 사 먹고선
나중에 갚는단다

몇 년이 지나도 잊지 못한,

500원어치 추억의 향기

엄마의 도서관

하루의 끝을 마무리하는
내 방은 엄마의 도서관

문을 열면
익숙한 듯
엄마 냄새는 날 반긴다

엄마의 꾸중은
철학책 같지만

엄마를 보는 내 눈은
동화책을 읽는다

느린 밤

어두운 공기의 결은 가로등이 밝히고
날 쏘아붙이는 차가운 시간의 핀잔

너를 떠올리면
떠나가던 저녁도 돌아와
시간을 미뤄두네

짙은 하늘은 저녁은
시를 읽듯 차분하다

전학

그리움을 가득 싣고
가버린 너는
베개 위에 눈물을 묻힌다

잊혀지는 너는 장마

꿈에서만 보기로 약속했네.

민들레 잎

붓 같은 날개를 펴

산 넘어
꽃을 피우고

바람은 꽃잎을 얹고
서서히 흩날린다

정처없이.

해 저문다

먼 곳 도달하지 못한 곳
뜨겁게 달궈진 쇠공 하나는

손으로 쥐고 싶어도
마지막 빛은 너무 뜨겁구나

제2부

학교길

잠결을 달래며
햇살을 걷는다

길바닥 조약돌은
교과서 위 지우개 똥

졸린 새벽을
탓하며 걷는 길

밀당

풍선 같은 나는
너의 말 한 마디면
길을 잃고

펑
터져버리는데

너는 구름을 닮아 무심하다

인연

쨍쨍한 태양 속에서
별을 찾듯
볼 수 없는 너는

훌훌 떠나가
잡을 수 없는 향기로
길 잃은 나를 배회하네

반딧불

별은 나를 찾아와
원래도 안 감기는 눈을
여기저기 굴린다

여기저기
나를 흘기고는

꺼져가는 초처럼
밤의 한 불빛이 되어가네

할머니 비빔밥

할머니 비빔밥
고기 대신 정성 가득 넣으신 비빔밥

내 배 안에 정성을 배불리 채우시고는
종잇장 같은 얼굴로 내게 웃으시고

이제는 지긋하신 할머니의 주름살이
할아버지만 떠올리면 젊어지시네

길목

내 어렸던 기억은

웃음들이 거리를 채우고
노을은 저 혼자 잠겨 들던 길목

시간 모르는
아이들의 뛰놀이는 정겹다

불어오는 바람에 몸을 맡기면
눈이 감겨오고
감기는 눈은 시간을 그리워하네

웃음총

슬퍼하는 사람에게 한 방

힘들어하는 사람에게 한 방

외로워하는 사람에게 한 방

우리 동네 사람들
여기저기서 모두
웃으며 다니네

하루는 비

널 떠올리면
하루가 여우비

널 떠나보내지 못한
내 밤하늘은
꿈속 운동장에서
굴레를 돈다.

입학

온통 흑백이던 교실에선
내 가슴만은 무지개

네가 색으로 보이던 날
오만 가지 화려한 감정은

지금의 나를 만들고 있었네

365일

너의 꼬리를 따라가
멈추지 않던
나는
이제 마침표가 없다.

내 잔상은
집에 가는 길
지하철 안 창문을 비추고 있는데.

이슬

별이 아름다워
풀잎에 이슬이 내리고
밤이 깊어
풀잎이 눈물을 흘리고

나는
네가 없어 눈물을 흘린다

이슬들이 갇혀 있는
긴 울타리가
내 눈동자 가둬놓고
서늘한 새벽공기를 들이킨다

잊기 힘든 망울의 눈빛
마음속의 장대비.

너

널 불러보면
내 머릿속에 메아리

깊은 골짜기 속
나의 심연.

인형 뽑기

너는 인형
계속 내 심장을 뛰게 하네

너라는 미끼에 걸린
나는 집게

날 보며 웃는 너에 눈빛에
아무것도 집을 수 없네.

꿈 먹는 도서관

책 속 질문은
우주를 떠돌고

꿈속 나침반 방향은
날아가는 나비

책을 넘기며 스치는 바람은
꿈을 좇는 발자취가 되어
우주를 가득 메우네.

3/31

눈 내리던 겨울은
봄비를 재촉하고

뺨을 훑는 바람의 향기는
산뜻하고 미지근해,

3월의 마지막 날은
방과후 교실에서 잠을 자고,

제3부

마음

널 기다린다
쥐어 잡을 것 없이
따뜻한 온기는 모두 네게 주고

남은 거라곤 널 기다리는 애틋한 시간

내 겨울은 네 온기로 채워주네.

메시지

수업 시간에 오는
메시지는
선생님의 눈치를 살피고

내 마음속의 메시지는
너처럼 보고 싶은데
수업 끝 종소리는 울리지 않네,

참을성 없는 난
주머니 속 너를 꺼내고
참았던 웃음은 그리움을 비우네.

첫눈

물풍선이 터지듯
첫눈을 내뱉은 하늘은
기진맥진

멍해진 눈동자 친구들,
어쩔 줄 몰라

첫눈 온 바깥은
이미 발 도장이 찍혔다.

종이비행기

소원을 접은 종이비행기
슬쩍 날려도
사라져 버리고

밤을 실은 종이비행기
산골짜기 모험 떠났나
작별 인사도 없이 가버렸네.

녹차

숙제가 풀리지 않는 날은
마시지 않아도
씁쓸한 맛 가시지 않아

뜨거운 입김은
한여름을 떠올렸네.

초면

네겐
답지가 없다

나는
어둠 속에 너라는 공식을 푸는데
너는 내게 먹구름을 끼었네.

가을 길

낙엽을 따라 전학 간 너
바람은 너의 안부를 전하고

나무는 서늘한 바람 대신
나에게
푹
안겨서

늦가을이 되어가네.

멍

빗물에 허덕이는 새를 보며
하늘은 시를 써 내린다

차가운 빗물,
네 생각에 녹아들어

세상은 나에게 푸르렀다.

꽃의 유래

너의 꽃은
아름답지만
날카로운 가시만 내놓고

네 달콤한 향기는
나를 긁히게 해서
이젠 틈이 없다.

네가 가을로 접어들 때면
나는 그리움의 씨앗을 뿌리고

긴 겨울
너는 날 눈속에 묻네

문득 창문을 열고

봄의 향기를 맡았을 때
너의 얼굴은 꽃으로 다가왔다.

바이러스

나는
너라는 바이러스에 걸려 시달린다

치료제도 없는 너는
내겐 위험한 존재.

새 학기

날 기다렸다는 말에
무지개가 활짝

근심 덩어리인
내,
마음은 여전히 방학.

할머니

얼음 속에 자라나던 새싹
누가 덮었나

겨울이 싫다던 할머니
하얀 눈송이 되어

얼굴에 또 함박눈이 내린다.

강아지풀

난 강아지풀

이리저리 쏠려

땅을 붙잡고
너만 기다린다

무심하던 바람도
이젠 널 찾는다.

해 질 녘

불어오는 바람은 날카로워도
노을이 아름다워,

겨울에 들끓는 입이
불을 지핀다

집으로 가는 길
벼 뭉치만 한 햇살 내려앉고.

소나기

물방울 떨어지면
뽕나무 위 엉켜 자는 누에 어떡할까

냉담한 너는
죄 없는 나뭇잎만 때리며
젖은 흙 공기를 슬픔으로 흩뿌린다.

제4부

여름밤

귀뚜라미의 애틋한 울음소리는
긴 밤을 흔든다

귀뚜라미는 오늘
누군가를 떠나보냈나

귀뚜라미 울음 소리에
눈시울을 더 붉혀져서

오늘은 편지를 쓴다.

새벽은 정글

둥근달을 볼 때면
너를 떠올리고

못 견뎌 창문을 열어 바람을 쐬면
저기 저 별똥별은

너를 지나치고 있다.

백조

떠나가는 그림자에서는
늘
초승달이 지고

파도에 휩쓸리는
나는
하찮은 모래알

백조가 되고픈 나는
너를 시기한다.

산책

산책길 바람은
소풍을 가듯 가벼워

가벼운 내 발걸음은
달을 띄우네

내 발걸음에
무게추를 다는 건

집에 가는 길.

진눈깨비

내겐
진눈깨비가 내린다

너라는 비와
나라는 눈이.

여운

시간은
내게 잔향을 남겼다

하늘이 고와도
내게 스친 향은
오늘도 먹구름

길을 찾지 못해
나는 네게 잠겼다.

사철 나뭇잎

넌
변치 않는 마음 같아

시간은
무심하다.

아이스 아메리카노

아빠의 커피는
쓴 맛을 숨기고

말없이 내게 한 잔 쥐여주신
핫초코는
아빠의 사랑

중학생이 되니
아이스아메리카노도
내게는 핫초코.

여행길

겨우 굴러가는 아빠 차

짐보다 설렘이 더 무거운 트렁크는
꽉 막힌 도로를 휘적이며
공항 냄새를 시향하네

마음은 벌써
비행기를 타고 구름 위를 나는데.

플레이리스트

내 악보는 너를
써 내리며,

멈출 줄 모르는
고속도로를 달린다.

웅덩이

흠뻑
날 적시는 구름은
원래 솜사탕이었다

하늘이 나에게 울던 날

맑은 빗물은
웅덩이 대신
내 신발에 괴었네.

진주

진주는
흙 속에 묻혀 있어도
빛을 내고

어둠 속
내 손을 꼭 잡아 주던
진주는
눈을 감고 있어도 빛이 났네.

꽃

줄기에서 떨어진 꽃 한 송이는
새 꽃이 피고

햇빛에 드리운 잎사귀의 향은
줄기가 없어도
나를 바라보고 있네.

장마

온 동네 나무를
장마가 뿌리만 남겼다

동네 사람들은 울고 있는데

햇볕 좋은 날
내 집 앞으로 와

시치미를 뚝 떼고
살랑살랑
푸른 잎을 드러내네.

그림자

나한테 붙어서는
나 없으면 못 산단다

말 안 하고서는
내 친구라 할 수 있을까

보이지 않던 단짝은
내 허전함을 흙으로 채우고

내 가슴속 깊이 새겨 두었다.

퇴근길

월급날 통닭을 사 들고 오시는 아버지 소리에

내 발걸음은
쳇바퀴를 굴리고

눈을 맞으며
겨울바람을 묻히신 아버지의 손은
내게 여우비를 내리네.

제5부

푸른 별

집 가는 밤길에 수놓인 별들은
여름에도 차갑다

멍 때리며
송송 구멍이 뚫린 하늘을 바라보면
별들은 푸르게 빛을 내고

차가운 별빛에
나는
작은 새가 되어
어디엔가 있을지 모르는 둥지를 찾아
아스팔트를 걷는다.

핸드폰

밤이 늦어 별이 잦아지면
나의 밤은 이제야 드리워

창문 앞은 바람만 서성거리고

화면에 보이는
네 얼굴은
내 자정의 보름달

밤을 지새워도
질릴 틈을 메꿔
내 눈을 박음질하네.

널 찾는 길

널 찾는 길은
태평양 운해를 뚫고
하늘을 바라보는 길

소나기가 내려도
외로운 밤하늘을 바라보는 길.

미로

단순한 짓으로 나를 묶어놓는 너는
매듭,

너에게 묶인 나는
빠져나올 수 없었다.

군밤

온 동네를 휘졌던
파란 봉고 트럭

바퀴를 굴리면
트럭은 내 발자취를 따르고

턱에 난 수염만큼 주신 서비스는
텁텁하지 않았다.

주판

오르내리는 세월은
짧아도 길고

살짝 먼지가 쌓인 주판을 볼 때면
항상 웃으시던 선생님이 생각나,

씨앗 같던 주판알들은
내 얼굴에 함박꽃을 피우네.

노트북의 경계

수면 위를 헤엄치듯
간단하지만
속을 헤아리기란 너무 어렵다

드넓은 미로……
없어지는 경계 속에서

안부 한 마디 답하는 건 쉬워도
틈 사이 펼치면 나오는 세상이
익숙해서 밉다.

단잠

보고 싶었던 별들을 셀 때면
고막속엔 별똥별이 떨어져
달콤한 시간을 깨우는 것인지

몽롱한 안개 속
네 목소리가 뚜렷하다.

편지

네가 있던 자리
가로등 밑

설레임 감추려
문을 굳게 닫고서는

보고 싶었단 말 한마디
떨림이 보였던 것인지

동공은 떨어지는 눈이 되어
가로등 밑
붉어진 조명을 식히네.

초저녁

저녁의 찬바람을 연주하느라
긴 밤을 설친 닭과 귀뚜라미는

날 놀리는 듯
약 올리는 듯
허공에 흩뿌리는 연주를 이어가고

그 가느다란 울림에
할머니 얼굴 떠오르면
깊은 슬픔 속에 잠겨드네.

시간의 잔상

나는
해가 뜬 저녁에 산다
시계는 멈출 줄을 몰라,

커튼은 여명을 밝히고선
잔 적이 없는 나를 깨우고

창문을 열 때 맑지만 갑갑한 공기는
그제서야
나를 잠결에 흘려 보내네.

몽화

새벽이슬은
꿈에 젖은 나에게
몽화를 피었다

몽화의 청향,

내게 시라는 향내를 퍼뜨리고
나의 해오름 위에
붉은 장미를 피우네.

까치

길바닥에
겨우 허덕이던 너는
누구에게 복을 다 줘버렸는지

날개를 피어도
못 나는 네가 또 떠올라

오늘 밤은
네 생각에 시를 쓰고
네 생각에 밤을 샌다.

나는 너를

너를 짙은 밤에 가둬놓고
허공에 휘적인다

훌훌
바람이 불어
내 귓가를 간질이면

비로소
잊고 있던 네가
해처럼 떠오르네.

초승달

날이 갈수록
뾰족해지는 널 보고

나는 네 빈 가슴을 채우려
하늘에 별을 끌어모았지만

까칠한 너는 내게 고별한다.

방과 후의 강아지풀

방과 후
강아지풀을 닮은 햇살이

살랑살랑
콧바람으로 안겨들면
졸음은 내 등을 부드럽게 쓰다듬고

해가 그럭저럭 서산에 기울면
방과후 끝나는 종소리
강아지처럼 달려오네.

운동장

교복들이 붐비는
저 드넓은 운동장을
나는 꽃잎과 걷는다

가을 마지막 나의 시는
만추에 젖어 들고

내 어린 일기장에
졸업사진 끼워 놓네.

시평

14살 시인이 담아낸 일상의 순수함

한 만 수(시인·소설가)

중학교 2학년 전영우는 초등학교 3학년 때부터 시를 써온 재능 있는 학생이다. 지난해 본격적으로 시 창작 수업을 받고, 올해 마침내 첫 시집 『방과 후 강아지풀』을 출간했다.

시가 뭔지도 모르고 무작정 시를 쓰기 시작한 때가 초등학교 3학년 때이다. 그의 시 쓰기는 약 5년간의 꾸준한 노력의 결실로, 14살 소년이 일상의 순간들을 시로 표현해냈는지 보여준다.

중학생이 자신의 이름으로 시집을 낸 경우는 드문 일이며, 그만큼 이번 시집은 주변의 큰 관심과 축하를 받을 것으로 예상이 된다.

실제로 다른 젊은 시인의 사례에서도 볼 수 있듯, 기성 시인들에게서는 느낄 수 없는 신선하고 솔직한 시각이 어린 시인의 작품에 잘 살아있다는 평가가 많다.

전영우의 작품 역시 그런 신선함과 순수함을 고스란히 담고 있어, 독자들에게 신선한 감동을 준다.

이번 시집에는 노트북, 주판, 핸드폰, 별, 퇴근길처럼 중학생의 삶 속 친숙한 소재들이 시로 쓰여 있다. 시인은 우리가 흔히 지나치는 일상의 장면들을 포착해 섬세한 감수성과 풍부한 상상력으로 풀어낸다.

어른들의 시선에서는 평범해 보일지 모르는 순간들이 이 어린 시인의 손을 거치면 시적 이미지와 은유로 새롭게 태어난다. 가족과 친구에 대한 애정, 어린 시절의 추억, 사춘기 소년의 고독과 꿈같은 상상이 한데 어우러져, 일상의 순수함을 따뜻하게 그려낸 것이 이 시집의 가장 큰 매력이라 할 수 있다.

이 시집의 표제작인 「방과 후 강아지풀」은 방과 후 학교 운동장을 비추는 햇살과 한적한 풍경을 강아지풀에 빗댄 작품이다. 방과 후의 교실을 나선 소년은 "강아지풀을 닮은 햇살" 속에서 졸음이 밀려오는 느긋함을 느낀다.

살랑거리는 산들바람이 마치 강아지가 코끝을 간질이며 안기는 듯하고, 해가 서산으로 기울 무렵 "방과 후 끝나는 종소리 강아지처럼 달려오네"라고 표현한다. 종소리를 귀여운 강아지의 발걸음에 비유한 대목에서는 일상적인 학교 풍경마저도 시인의 상상 속에서 생동감 넘치는 장면으로 바뀐다.

이 시는 방과 후의 나른하고 평화로운 분위기를 특유의 포근한 시선으로 그려내고 있다. 학교를 마친 뒤 집으로 돌아가기 전의 잠깐 동안, 아이는 따스한 햇빛과 가볍게

부는 바람을 온몸으로 느낀다. 강아지풀 같은 햇살은 눈부시지만 친숙하고, 졸음이 살금살금 찾아오는 장면은 독자로 하여금 늦은 오후의 나른함과 행복감을 고스란히 떠올리게 한다.

시를 통해 드러나는 전영우 시인의 시 세계는 크고 특별한 사건이 아닌, 평범한 일상 속에서 발견한 잔잔한 행복과 여운이다. 이 작품 한 편만으로도 독자는 풋풋한 중학생의 정취와 소년만의 따뜻한 감수성을 충분히 느낄 수 있다.

표제작이자 시집의 대표작인 이 시를 통해 전체 시집이 담고 있는 분위기를 짐작해볼 수 있다. 그것은 밝은 햇살 아래 강아지풀처럼 소박하지만 기분 좋은 순간들의 연속이라고 할 수 있다.

일상의 소재에 담긴 풍부한 상상력

전영우 군의 시집에는 표제작 외에도 여러 편의 시들이 일상의 다양한 모습을 그리고 있다. 흥미로운 것은, 그 소재들이 매우 평범함에도 불구하고 각각 시인의 독창적인 상상력을 통해 특별하게 재해석되고 있다는 점이다. 다음과 같은 작품들이 시집의 곳곳에서 눈길을 끈다.

「노트북의 경계」는 컴퓨터 노트북 화면의 경계를 수면

위에 비유하며, 겉보기엔 쉬워 보여도 속을 헤아리기 어려운 온라인상의 소통과 현실에 대한 고민을 담았다. "수면 위를 헤엄치듯 간단하지만 속을 헤아리기란 너무 어렵다"라는 구절에서 보이듯이, 겉으로는 가볍게 주고받는 인사말 속에 숨은 깊은 속마음을 들여다보고 싶어 하는 마음이 엿보인다. 넓은 미로 같은 사이버 세계에서 경계가 모호해지는 느낌을 포착한 이 시는, 사춘기 소년의 섬세한 내면세계와 단절에 대한 성찰을 보여준다.

「주판」은 먼지가 쌓인 주판을 보며, 한때 주판을 가르쳐주던 옛 선생님을 떠올리는 추억의 시이다. "오르내리는 세월은 짧아도 길고", "씨앗 같던 주판알들은 내 얼굴에 함박꽃을 피우네"라는 대목에서 지난 시간의 짧음과 길음을 동시에 느끼며, 어릴 적 주판알을 튕기던 기억이 얼굴 가득 환한 웃음꽃으로 번지는 모습이 그려진다. 추억과 감사의 정서가 담긴 이 작품은 어린 시절을 돌아보는 시인의 따뜻한 마음을 나타낸다.

「핸드폰」은 늦은 밤 창가에 앉아 휴대전화 화면 속 얼굴을 마주하는 장면을 그린 작품이다. 밤이 깊어 밖에는 바람 소리뿐인 고요한 순간, 화면에 비친 "네 얼굴은 내 자정의 보름달"이라는 표현이 인상적이다.

친구인지 가족인지 모를 '너'의 얼굴은 어둠 속에서 환하게 빛나며, 시인에게 정서적 위안을 준다. "밤을 지새워도 질릴 틈을 메꿔 내 눈을 박음질하네"라는 부분은 밤새도록 핸드폰을 통해 교류하며 외로움을 꿰매어 나가는 모습을 섬세하게 묘사한다. 이 시는 사춘기 청소년의 고독과 디지털 시대의 교감을 아름답게 그려냈다.

「푸른 별」은 여름밤에 집으로 돌아가는 길, 하늘 가득한 별들을 바라보며 느낀 감정을 담은 시이다. "집 가는 밤길에 수놓인 별들은 여름에도 차갑다", "송송 구멍이 뚫린 하늘" 등 감각적인 표현을 통해 밤하늘의 쓸쓸한 아름다움을 전한다. 차가운 별빛 아래에서 "나는 작은 새가 되어 어디엔가 있을지 모르는 둥지를 찾아 아스팔트를 걷는다"라는 구절은, 광활한 우주 속 자신을 한 마리 작은 새에 비유하며 삶의 안식처를 찾아가는 모습을 보여준다. 이 작품에는 사춘기 소년 특유의 고독한 사색과 방황이 담겨 있어, 읽는 이로 하여금 잔잔한 울림을 느끼게 한다.

「퇴근길」은 월급날 통닭을 사들고 눈 내리는 저녁 퇴근하는 아버지를 맞이하는 장면을 그린 시이다. 함박눈을 맞으며 돌아온 아버지가 건넨 따뜻한 치킨 봉투와 차가운 손은 "내게 여우비를 내리네"라는 신선한 비유로 표현된다. 아버지의 투박한 손에 묻은 겨울바람과 눈이 아이에게는 갑작스런 여우비(햇빛 비치는 가운데 내리는 비)처럼 느껴지는 것이다. 반복되는 일상 속에서도 아버지가 주는 작은 선물과 사랑이 아이의 마음에 환한 기쁨을 불러일으

키는 순간이다. "내 발걸음은 쳇바퀴를 굴리고"라는 구절로 하루하루 똑같이 돌아가는 생활을 묘사하면서도, 그 일상을 특별하게 만드는 가족 사랑의 힘을 담아낸 작품이라 할 수 있다.

이렇듯 『방과 후 강아지풀』에 실린 시들은 학교와 집, 현실과 상상, 사람과 자연을 아우르며 다채로운 일상의 풍경을 그려낸다. 전영우 군은 자신이 몸담은 주변 세계를 예리하게 관찰하고, 거기에 자신만의 감성적인 색채를 입힌다.

평범한 사물도 그의 눈을 통하면 특별한 의미를 띠게 된다. 노트북 화면 너머로 느낀 단절, 주판 알에서 피어난 추억, 휴대폰 속 얼굴에서 얻는 위안, 별빛 아래 느끼는 고독, 퇴근하는 아버지에게서 받는 사랑처럼, 우리 주변의 모든 순간들이 시적 영감으로 승화된다. 이러한 상상력은 어린 시인의 세계관과 풍부한 감성을 보여주는 동시에, 독자들로 하여금 자신의 일상도 새로운 눈으로 바라보게 만드는 힘이 된다.

순수함과 성숙함이 공존하는 목소리

전영우 군의 시를 읽으며 가장 인상적인 것은 어린 시인만의 순수함과 의외의 성숙함이 동시에 느껴지는 목소리이다. 그의 작품 곳곳에는 어른들의 작품에서는 보기 힘든 신선한 시각과 꾸밈없는 솔직함이 드러난다.

예컨대, 휴대전화 속 친구를 보름달에 비유하거나, 아버지의 찬 손길을 여우비로 표현하는 장면에는 동심의 순수한 상상력이 깃들어 있다. 이러한 비유들은 나이 어린 시인만이 가질 수 있는 참신함으로 다가와 독자에게 미소 짓게 만든다. 그러면서도 그의 시에는 나이를 넘어서는 성찰과 깊이가 엿보인다. "오르내리는 세월은 짧아도 길고", "익숙해서 밉다"와 같은 구절에서는 시간과 반복되는 일상에 대한 사색이 느껴지며, 이는 성인 독자에게도 쉽게 다가오지 않는 통찰일 수 있다.

또한 "작은 새가 되어 둥지를 찾는다"는 모습에서는 성장기에 느끼는 불안과 자아 탐색의 그림자가 드리워져 있다. 이런 면모들은 사춘기 소년의 문학적 성장이 이미 상당한 수준에 이르렀음을 보여준다. 아직 어린 나이임에도 불구하고 삶의 면면을 진지하게 바라보고 시어로 풀어내는 재능은, 향후 그의 시세계가 더욱 깊어질 잠재력을 짐작하게 한다.

문체 또한 단순명료하면서도 시적 운율과 리듬을 지녀 읽기 편하다. 어려운 한자어나 추상적인 개념보다는 일상적인 언어 속에 비유와 상징을 녹여내어, 남녀노소 누구나 공감할 수 있는 친근한 시 세계를 구축했다.

이는 독자가 시인의 나이를 의식하지 않고도 자연스럽게 작품에 몰입하도록 해주며, 동시에 또래 청소년 독자들에게는 큰 공감과 위로를 줄 수 있을 것이다. 실제로 다른 청소년 시인의 경우처럼, 어린 시절의 외로움이나 호기심, 꿈과 같은 감정들이 솔직하게 드러날 때 독자들은 더욱 깊이 공감하게 된다.

전영우 군의 시에서도 바로 그런 솔직함이 읽히기에, 시를 읽는 이들은 마치 친구의 일기를 엿보는 듯한 친밀함을 느끼게 된다.

미래가 기대되는 젊은 시인

『방과 후 강아지풀』은 중학생 시인이 써냈다고는 믿기지 않을 만큼 완성도와 진정성을 갖춘 아름다운 시집이다. 표본 시의 밝고 평화로운 정서에서부터 다른 작품들의 깊이 있는 상상력과 감수성에 이르기까지, 전영우 군의 작품들은 독자에게 잔잔한 감동과 여운을 남긴다.

무엇보다도 특별한 사건이나 거창한 주제 없이도 우리 삶의 소중한 순간들을 포착해 시로 승화시키는 그의 재능은 주목할 만하다. 시집을 덮고 나면, 일상 어디엔가 숨어 있을 법한 강아지풀 한 포기, 반짝이는 별 하나도 이전과는 다르게 보일 것이다. 그만큼 그의 시는 독자들의 마음에 순수한 동심과 따뜻한 시선을 불러일으킨다.

중학교 2학년이라는 어린 나이에 첫 시집을 펴낸 전영우 군의 앞날이 더욱 기대된다. 지금도 이렇게 섬세한 관찰력과 풍부한 감성을 보여주고 있기에, 앞으로 삶의 경험이 쌓이고 문학적 역량이 깊어지면 얼마나 더 빛나는 작품들이 나올지 궁금해진다.

젊은 시인의 신선한 등장은 문단에 새로운 바람을 불어넣는다. 전영우 군의 『방과 후 강아지풀』은 그 시작을 알리는 작품집으로서, 독자들에게는 순수한 감동을, 그리고 문단에는 신선한 활력을 선사한다. 이 풋풋한 시인을 향한 응원과 함께, 그의 시력이 앞으로도 꾸준히 자라나 더욱 많은 이들에게 공감과 위로를 주길 기대한다.